# फरीदपुर का बोस परिवार



शिव प्रसाद बोस
जय बोस

Made with ❤ on the Notion Press Platform
www.notionpress.com

यह पुस्तक विश्व के विभिन्न भागों में बसे बोस परिवार की सभी शाखाओं को समर्पित है।

# क्रम-सूची

# प्रस्तावना

यह पुस्तक पूर्वी बंगाल (वर्तमान बांग्लादेश) में फरीदपुर के उलपुर गाँव के एक बंगाली परिवार के इतिहास के बारे में है। यह हमारे अपने परिवार का इतिहास है, जिसे बसु रॉय चौधरी परिवार भी कहा जाता है, जिसे बोस के नाम से जाना जाता है। हमारा बोस परिवार पूर्वी बंगाल से आया था, जो अब बांग्लादेश में है। हमारे पूर्वजों को मुगल बादशाह से जमीन के कागजात मिले थे और फरीदपुर जिले के उलपुर गांव के क्षेत्र में एक जागीर थी। यह भारत के ब्रिटिश शासन में भी जारी रहा, और हमारे पास एक बड़ी जमींदारी बाड़ी या जमींदारों के घर थे। विभाजन के दौरान, अधिकांश परिवार बंगाली हिंदू होने के कारण अपनी जमीन खो बैठे और स्वतंत्र भारत में भाग गए, हालांकि कुछ उलपुर में ही रहे। वहां एक बड़ा काली मंदिर और छोटे मंदिर भी हैं। यह पुस्तक हमारे परिवार और उसके इतिहास का सारांश है। हमें उम्मीद है कि यह भारतीय पारिवारिक इतिहास में रुचि रखने वाले लोगों के लिए दिलचस्प होगा।

यह पुस्तक पूर्वी बंगाल (वर्तमान बांग्लादेश) में फरीदपुर के उलपुर गाँव के एक बंगाली परिवार के इतिहास के बारे में है। यह हमारे अपने परिवार का इतिहास है, जिसे बसु रॉय चौधरी परिवार भी कहा जाता है, जिसे बोस के नाम से जाना जाता है।

हमारा बोस परिवार पूर्वी बंगाल से आया था, जो अब बांग्लादेश में है। हमारे पूर्वजों को मुगल बादशाह से जमीन के कागजात मिले थे और फरीदपुर जिले के उलपुर गांव के क्षेत्र में एक जागीर थी। यह भारत के ब्रिटिश शासन में भी जारी रहा, और हमारे पास एक बड़ी जमींदारी बाड़ी या जमींदारों के घर थे। विभाजन के दौरान, अधिकांश परिवार बंगाली हिंदू होने के कारण अपनी जमीन खो बैठे और स्वतंत्र भारत में भाग गए, हालांकि कुछ उलपुर में ही रहे। वहां एक बड़ा काली मंदिर और छोटे मंदिर भी हैं।

यह पुस्तक हमारे परिवार और उसके इतिहास का सारांश है। हमें उम्मीद है कि यह भारतीय पारिवारिक इतिहास में रुचि रखने वाले लोगों के लिए दिलचस्प होगा।

# पावती (स्वीकृति)

इस पुस्तक को तैयार करने में, हम उलपुर के बोस या बसु रॉय चौधरी परिवार के इतिहास के बारे में ऑनलाइन और शोध पत्रों में उपलब्ध कई संसाधनों के लिए बहुत आभारी हैं।

कुछ महत्वपूर्ण स्रोतों से परामर्श इस प्रकार है:

- Ulpur Sammilani 21/1, Central Park, Flat B-2, Kolkata 700 032 Tel: 2425 4348. Website: http://www.ulpur.org/home/
- Ulpur, Gopalganj (Faridpur) District, Bangladesh. Empire's Last Casualty by Sabyasachi Ghosh Dastidar, Feb 2008. URL: http://empireslastcasualty.blogspot.com/2008/02/ulpur-gopalganj-faridpur-district.html by Sabyasachi Ghosh Dastidar
- Wikipedia. Ulpur. URL: https://en.wikipedia.org/wiki/Ulpur
- Offroad Bangladesh. Ulpur Zamindar Bari. URL: http://offroadbangladesh.com/places/ulpur-zamindar-bari/
- Daily Asian Age, July 2017. The historical place at Gopalganj. URL: https://dailyasianage.com/news/70639/the-historical-place-at-gopalganj
- The Financial Express, Oct 13 2020. Ulpur Zamindar House in Gopalganj in shabby state. URL: https://thefinancialexpress.com.bd/national/ulpur-zamindar-house-in-gopalganj-in-shabby-state-1602589494
- Google maps. Maps Data @ Google 2022

# बोस परिवार की समयरेखा

निम्नलिखित समयरेखा बसु रॉय चौधरी परिवार के इतिहास की प्रमुख घटनाओं का सारांश प्रस्तुत करती है — 11वीं शताब्दी से लेकर आज तक।

दिनांक / काल

घटना

~11वीं शताब्दी

दशरथ बसु बंगाल के रारह क्षेत्र में पहुँचे। उनके वंशज बसु रॉय चौधरी वंश के संस्थापक बने।

~16वीं शताब्दी

रघुनंदन बसु को मुगल सम्राट जहांगीर से शाहपुर की जागीर मिली — दो हजारी जागीर।

17वीं शताब्दी

परिवार को ठाकुर और चौधरी की उपाधियाँ मिलीं। उलपुर शाहपुर परगना की केंद्रीय सीट बना।

1900 का दशक

जमींदार प्रीतीश चंद्र रॉय चौधरी ने उलपुर में 200 एकड़ पर मुख्य जमींदारी बारी बनाई।

1931

शाहपुर परगना की जनसंख्या 30,200, 27 मौजों में। उलपुर केंद्रीय ग्राम और जमींदारी की सीट।

1933

प्रसिद्ध बंगाली मूर्तिकार सरबरी रॉय चौधरी का उलपुर में जन्म।

1947

भारत का विभाजन — फरीदपुर पूर्वी पाकिस्तान में गया। बोस परिवार ने पुश्तैनी जमीन खोई।

1940 के दशक

बोस परिवार दिल्ली के कश्मीरी गेट में बसा।

1950-60 का दशक

लिपिका बोस ने अपनी बचत से तीनों भाइयों की पढ़ाई का खर्च उठाया।

1954

दिल्ली में EBDP एसोसिएशन की स्थापना।

1971

बांग्लादेश मुक्ति युद्ध। सुब्रत रॉय चौधरी ने स्वतंत्रता की घोषणा का मसौदा तैयार करने में मदद की।

1984

वृहत्तर फरीदपुर जिला पाँच जिलों में विभाजित; उलपुर अब गोपालगंज जिले का हिस्सा।

~1968

बोस परिवार को दिल्ली सरकार से चित्तरंजन पार्क में भूखंड मिला।

2015

लिपिका बोस का निधन — परिवार को दिल्ली में स्थापित करने वाली निःस्वार्थ महिला।

2022

लेखक ने उलपुर जमींदारी बारी का दौरा किया। यह पुस्तक प्रकाशित हुई।

# 1

# हमारे बोस परिवार पर शोध

इस अध्याय में, हम अपने बोस परिवार के इतिहास के बारे में शोध करने के लिए अपनी प्रेरणा बताते हैं।

1.1 साक्षात्कार से अनुसंधान

हम हमेशा से जानते थे कि हमारी उत्पत्ति पूर्वी बंगाल के फरीदपुर से हुई है, लेकिन हमारे पास अधिक डेटा नहीं था। हमारे दादाजी के पास हमारे पैतृक स्थान के लिए एक भूमि विलेख के अलावा बहुत अधिक लिखित रिकॉर्ड नहीं थे। भूमि विलेख हमारे दादा के साथ लाया गया था जब वे अपने परिवार के साथ विभाजन के बाद स्वतंत्र भारत में भाग गए थे।

जब भी हम अपने बड़ों से पूछते थे तो बड़ी मौसी बोरो पिशी कहती थीं कि हम उलपुर गांव से आए हैं लेकिन ज्यादा जानकारी याद नहीं है। साथ ही जिन बुजुर्गों को याद किया उनमें से ज्यादातर का देहांत हो चुका है। इसलिए, हमारी जानकारी का मुख्य स्रोत इंटरनेट और किताबें हैं, अन्य लोगों से बात करना और पैतृक स्थानों पर जाना।

1.2 इंटरनेट से अनुसंधान

बाद में, इंटरनेट पर खोज करने के बाद, हमें उलपुर और हमारे परिवार के बारे में कुछ बहुत अच्छे संसाधन और जानकारी मिली, विशेष रूप से उलपुर पर विकिपीडिया पृष्ठ और साथ ही ulpur.org वेबसाइट से।

लेकिन अभी भी बहुत अधिक दस्तावेजी जानकारी ऑनलाइन उपलब्ध नहीं है। इसने एकत्रित जानकारी को एक साथ लाने के लिए उसी पर एक पुस्तक लिखने के हमारे उद्देश्य को प्रेरित किया।

1.3 उलपुर में पूर्वज के घर का व्यक्तिगत दौरा

लेखकों में से एक ने अगस्त 2022 में ढाका से टैक्सी और टूर गाइड के साथ उलपुर जमींदारी बारी का दौरा किया। पद्मा नदी पर नए खुले एक्सप्रेसवे के कारण 180-200 किमी की यात्रा अब केवल 3-4 घंटे में पूरी होती है।

उलपुर का यह व्यक्तिगत दौरा इस पुस्तक में वर्णित कई विवरणों और तस्वीरों का प्रमुख स्रोत है।

1.4 भारत के विभाजन के बाद बोस परिवार

भारत के विभाजन के बाद, बोस परिवार की कई शाखाएँ भारत और विदेशों के विभिन्न हिस्सों में बस गईं, कई कोलकाता में। हमारा परिवार चला गया और पुरानी दिल्ली के कश्मीरी गेट में किराए के स्थान पर बस गया, जो कश्मीरी गेट में दिल्ली इंजीनियरिंग कॉलेज परिसर के करीब था। 2000 के दशक के आसपास कुछ दशकों के बाद, हमारा परिवार फिर दिल्ली के चित्तरंजन पार्क में चला गया।

यह पुस्तक विभिन्न स्रोतों से एकत्रित सामग्री का एक संयोजन है, साथ ही साथ हमारे परिवार से संबंधित हमारी अपनी यादें भी हैं।

# 2

# बोस या बसु रॉय चौधरी परिवार का इतिहास

इस अध्याय में, हम संक्षेप में बोस परिवार के इतिहास को देखते हैं।

2.1 बंगाली लोगों की उत्पत्ति

बंगाली लोग बांग्ला भाषा बोलते हैं और पूर्वी भारत तथा बांग्लादेश के निवासी हैं। ये मुख्यतः इंडो-आर्यन वंश के हैं और हान चीनी तथा अरबों के बाद विश्व का तीसरा सबसे बड़ा जातीय समूह हैं। बांग्ला भाषा विश्व की छठी सबसे अधिक बोली जाने वाली भाषा है। बंगाली मुख्यतः हिंदू, इस्लाम और बौद्ध धर्म को मानते हैं।

14वीं शताब्दी में राजा शम्सुद्दीन इलियास शाह ने बंगाल को एकीकृत किया और आधुनिक बांग्ला भाषा का विकास इसी काल में हुआ। 9वीं से 11वीं शताब्दी के बीच रचित चर्यापद बांग्ला साहित्य के प्राचीनतम ग्रंथों में से एक है। 15वीं शताब्दी में चैतन्य महाप्रभु के नेतृत्व में भक्ति आंदोलन बंगाल में उभरा। ब्रिटिश शासन के दौरान बंगाल 18वीं-19वीं शताब्दी के भारतीय पुनर्जागरण का केंद्र बना, जिसमें नोबेल पुरस्कार विजेता रवींद्रनाथ टैगोर जैसी विभूतियाँ सामने आईं।

2.2 बंगाली कायस्थों की उत्पत्ति

कायस्थ, हिंदू धर्म की एक उपजाति, 5वीं-6वीं शताब्दी ईस्वी के गुप्त काल के आसपास उभरी। किंवदंती के अनुसार, कायस्थ 10वीं शताब्दी में राजा आदिसुर के निमंत्रण पर उत्तर भारत के कन्नौज से बंगाल आए। जो पाँच कायस्थ परिवार बंगाल आए, उन्हें बोस, घोष, मित्र, गुहा और दत्त उपनाम मिले।

कुछ बंगाली इतिहासकारों का मानना है कि आदिसुर बंगाल के सेन राजा हेमंत सेन से जुड़े थे। डॉ. निहाररंजन रे के अनुसार, बंगाल के सभी सेन शासकों ने 'सुर' उपाधि धारण की। बोस को घोष, मित्र और गुहा के साथ गौतम गोत्र के कुलिन कायस्थ माना जाता है।

2.3 बोस या बसु उपनाम की उत्पत्ति

बोस कायस्थ जाति के बंगाली हिंदुओं, विशेष रूप से कुलिन कायस्थों के बीच एक आम भारतीय उपनाम है। इस उपनाम के साथ प्रसिद्ध भारतीय लोगों में स्वतंत्रता सेनानी सुभाष चंद्र बोस, बोस-आइंस्टीन घनीभूत प्रसिद्धि के सांख्यिकीविद् सत्येंद्रनाथ बोस और वैज्ञानिक जगदीश चंद्र बोस शामिल हैं।

बोस उपनाम पर विकिपीडिया लेख से:

बोस, बसु, बोसु, बोशू या बोश (बंगाली: বসু, रोमानीकृत: बासु, बंगाली उच्चारण: [बोउ]) उच्च जाति के बंगाली हिंदुओं में पाया जाने वाला एक उपनाम है। यह संस्कृत वासु (वासु, विष्णु का एक नाम जिसका अर्थ है 'सभी प्राणियों में निवास') से उपजा है।

बोस को घोष, मित्र और गुहा के साथ गौतम गोत्र के कुलिन कायस्थ माना जाता है।

माना जाता है कि कायस्थ 5 वीं - 6 वीं शताब्दी ईस्वी के गुप्त काल के आसपास उभरे थे। किंवदंती के अनुसार, दशरथ बसु के नेतृत्व में कायस्थ 10 वीं -11 वीं शताब्दी (लुका पगानी, 2017) के आसपास राजा आदिसुर के निमंत्रण पर कुछ ब्राह्मणों के साथ उत्तर भारत के कन्नौज से बंगाल चले गए। लुका पगानी (2017) का पेपर भारत में अन्य समुदायों के साथ बंगाली कायस्थों के वंशावली संबंधों को भी दर्शाता है।

2.4 बसु रॉय चौधरी उपनाम का इतिहास

"बासु राय चौधरी" की पूरी उपाधि परिवार के सभी पुत्रों को दी जाती है। शीर्षक को भारत के विभाजन के बाद एक नाम के रूप में रखा गया था। 1947 में पूर्वी बंगाल पाकिस्तान का हिस्सा बन गया और परिवार ने अपनी संपत्ति खो दी। परिवार को एक और उपाधि ठाकुर मिली, जिसका उपयोग उन्होंने 17 वीं शताब्दी ईस्वी के दौरान उलपुर में रहने के बाद करना बंद कर दिया।

रॉय एक हिंदू उपाधि है, जिसे रईसों और शाही खून वालों ने लिया या दिया। चौधरी एक मुगल उपाधि है, जिसे मुगल सम्राटों ने हमारे पूर्वजों को उनके जागीरदार होने के लिए दिया था।

इसलिए तीनों तत्व - ठाकुर, रॉय और चौधरी उपाधियाँ हैं, लेकिन अलग-अलग कारणों से अलग-अलग समय पर दिए गए हैं।

संदर्भ:

https://en.wikipedia.org/wiki/Bose_(surname)

https://en.wikipedia.org/wiki/Bengali_Kayastha

Sengupta, Nitish K. (2001), History of the Bengali-Speaking People, UBS Publishers' Distributors.

Luca, P., Sarmila, B., Qasim, A., & Chris, T. (2017). Kayasthas of Bengal: Legends, Genealogies, and Genetics. Economic and Political Weekly, 52.

2.5 उलपुर के बोस परिवार की उत्पत्ति

बोस परिवार उन कायस्थों का हिस्सा था जो कन्नौज से बंगाल चले गए थे। इस कबीले के एक प्रसिद्ध नेता गोपाल बसु थे। एक अन्य रघुनंदन बसु थे, जिन्हें मुगल सम्राट जहांगीर

से एक जागीर या शाहपुर नामक भूमि का टुकड़ा दिया गया था। यह उन्हें दो हजारी या 2000 घुड़सवार जागीर के रूप में दिया गया था।

उलपुर की स्थापना बोस परिवार ने अपने जागीर की केंद्रीय सीट के रूप में की थी।

शाहपुर परगना में 27 मौजे थे और 1931 की जनगणना में इसकी जनसंख्या 30,200 थी, जिसमें उलपुर केंद्रीय ग्राम और जमींदारी की सीट था। यह परिवार लगभग 40 पीढ़ियों तक उलपुर में रहा।

यह उल्लेखनीय है कि प्रसिद्ध भारतीय उपन्यासकार अमिताव घोष — जिनकी कृतियों में शैडो लाइन्स और द हंगरी टाइड सम्मिलित हैं — की माँ अंजलि बसु रॉय चौधरी इसी उलपुर परिवार से थीं। अमिताव घोष ने ढाका लिट फेस्ट के दौरान उलपुर जमींदारी बारी का दौरा किया।

ब्रिटिश काल के दौरान परिवार तब उलपुर और शाहपुर क्षेत्र के जमींदार के रूप में जारी रहा। यह आजादी और 1947 में भारत के विभाजन तक जारी रहा, उस समय जमींदारी को समाप्त कर दिया गया था। उलपुर लगभग 40 पीढ़ियों तक बोस परिवार का घर रहा है।

उलपुर गांव अपने सुनहरे दिनों में जिले का केंद्र था और एक सक्रिय सांस्कृतिक जीवन था। इसमें कई विरासत भवन और एक काली मंदिर था जो आज भी खड़ा है।

उलपुर और ulpur.org वेबसाइट पर विकिपीडिया लेख से:

"दशरथ बसु 11 वीं शताब्दी में बंगाल के वर्तमान पश्चिम बंगाल के रारह क्षेत्र में पहुंचे। उनके वंशजों में से एक, रघुनंदन बसु, को 16 वीं शताब्दी में मुगलों (जहांगीर) द्वारा उलपुर/शाहपुर के जमींदारी/जागीर की पुन: पुष्टि की गई थी, जहां उनके वंशज थे बस गए। उलपुर के बसु रॉय चौधरी कबीले के कई सदस्यों ने 1947 में भारत के विभाजन के बाद पूर्वी बंगाल (अब बांग्लादेश) में अपना पैतृक घर छोड़ दिया। हालाँकि कुछ पीछे रह गए हैं और सामाजिक, राजनीतिक और सांस्कृतिक जीवन में भाग लेना जारी रखते हैं। "

संदर्भ:

Akhtar, S. (1973). The role of the Zamindars in Bengal (1707-1772). University of London, School of Oriental and African Studies (United Kingdom).

Wikipedia. Ulpur. URL: https://en.wikipedia.org/wiki/Ulpur

Ulpur. URL: https://alchetron.com/Ulpur

2.6 उलपुर सम्मेलन संगठन

उलपुर सम्मेलन बसु रॉय चौधरी परिवार के सदस्यों का एक कोलकाता स्थित सांस्कृतिक संगठन है। उनका कोलकाता में एक कार्यालय है और नियमित बैठकें करते हैं।

पता इस प्रकार है: उलपुर सम्मेलन चैरिटी फाउंडेशन: उलपुर सम्मिलानी 21/1, सेंट्रल पार्क, फ्लैट बी-2, कोलकाता 700 032 दूरभाष: 2425 4348

संदर्भ:

ulpur.org

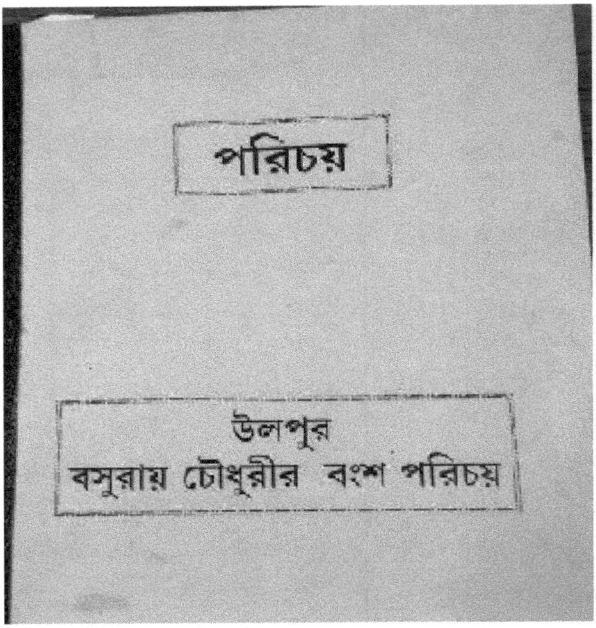


चित्र: बसु राय चौधरी के परिवार का वर्णन करने वाली पुस्तक का कवर. http://empireslastcasualty.blogspot.com/2008/02/ulpur-gopalganj-faridpur-district.html से ली गई.

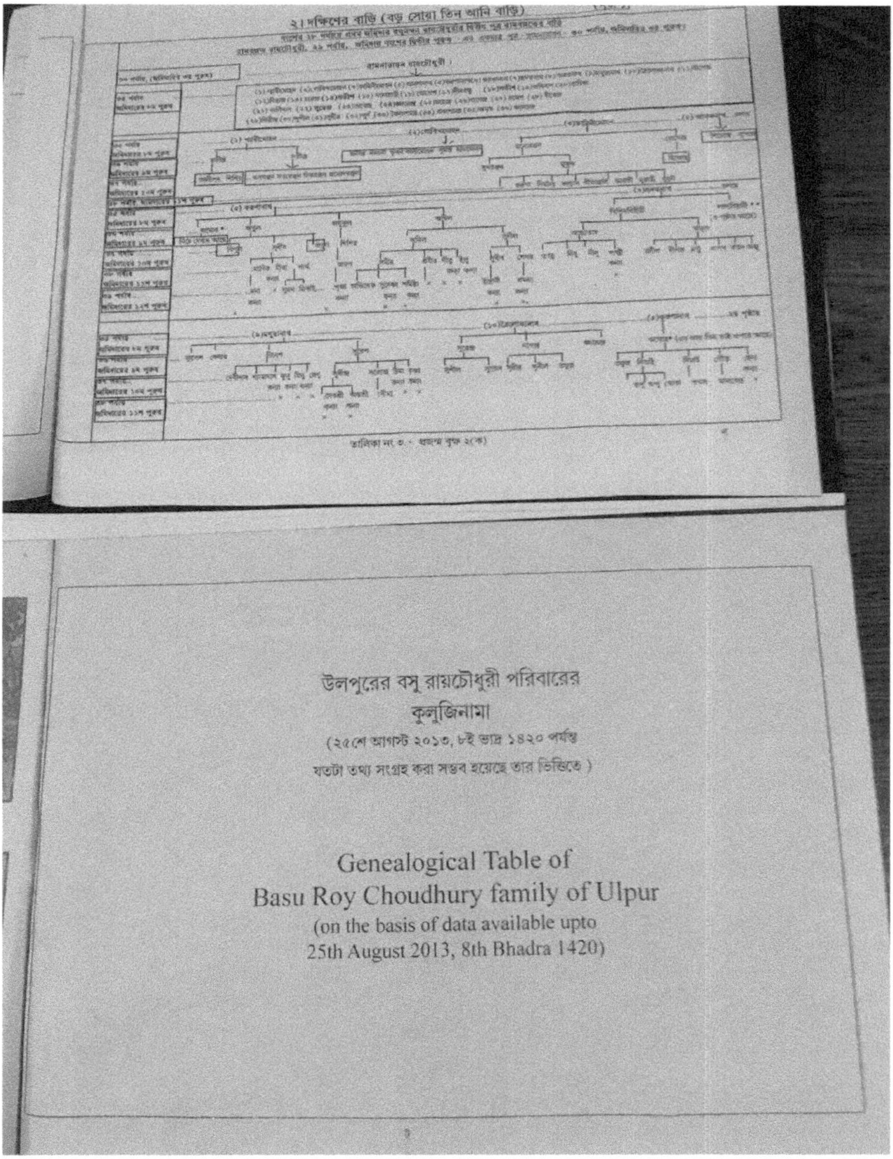


चित्र: बोस परिवार की वंशावली तालिका।
http://empireslastcasualty.blogspot.com/2008/02/ulpur-gopalganj-faridpur-district.html से लिया गया

# 3

# उलपुर जमींदारी बारी, बोस परिवार का पुश्तैनी घर

इस अध्याय में, हम संक्षेप में उलपुर के बोस परिवार के पैतृक घर या जमींदारी बारी पर चर्चा करते हैं।

3.1 वहाँ कैसे पहुँचें

मूल रूप से, उलपुर गांव वर्तमान बांग्लादेश में फरीदपुर जिले का हिस्सा था, लेकिन बाद में इसे ब्रिटिश शासन के समय गोपालगंज जिले में स्थानांतरित कर दिया गया था। यह गोपालगंज-ताकेरहाट राजमार्ग पर स्थित है। यह ढाका से मावा फेरी घाट के माध्यम से लगभग 140 किमी दूर है। उलपुर गांव में बोस परिवार का लगभग 500 वर्षों का इतिहास रहा है।

गोपालगंज शहर से कोई उलपुर बस स्टैंड के लिए बस ले सकता है, फिर उलपुर जमींदारी बारी के पुराने स्मारकों को देखने के लिए रिक्शा किराए पर ले सकता है।

उलपुर जमींदारी बारी या जमींदार का घर उलपुर के प्रमुख विरासत भवनों का एक समूह है। हालाँकि, यह हाल ही में अनुपयोगी हो गया है। उलपुर बाजार के बाद कालीगंगा नदी पर उलपुर पुल को पार करने के तुरंत बाद विरासत भवनों को देखा जा सकता है।

पूरा पता इस प्रकार है:

उलपुर जोमीदार बारी, ग्राम: उलपुर, उपजिला: गोपालगंज सदर, जिला: गोपालगंज, देश: बांग्लादेश।

3.2 उल्पुर में जीवित रहने वाली मुख्य इमारतें

इसके उत्तराधिकार में उलपुर के जमींदारों द्वारा बनाई गई 100 से अधिक इमारतें थीं जो बोस परिवार से थीं।

1900 के दशक में जमींदार प्रीतीश चंद्र रॉय चौधरी ने उलपुर में 200 एकड़ जमीन पर एक घर बनाया, जो मुख्य उलपुर जमींदारी बाड़ी (উলপুর জমিদার বাড়ী) बन गया। भारत के विभाजन के बाद, परिवार के कुलपति कोलकाता चले गए और नई सरकार ने भूमि पर

कब्जा कर लिया।

उलपुर जमींदार बारी की कुछ इमारतों को सरकारी कार्यालयों में बदल दिया गया था और अब भी उपयोग में हैं, हालांकि एक जीर्ण अवस्था में। एक यूनियन लैंड ऑफिस, एक सब पोस्ट ऑफिस और दूसरा उपजिला रजिस्ट्री ऑफिस बन गया। बांग्लादेश सरकार का पुरातत्व संरक्षण विभाग कुछ विरासत स्मारकों को संरक्षित करने की कोशिश कर रहा है। कुछ अन्य भवनों का उपयोग ग्रामीणों द्वारा आवास के रूप में किया जा रहा है।

कुछ मुख्य इमारतों में निम्नलिखित शामिल हैं:

- यूनियन भूमि कार्यालय (ইউনিয়ন ভূমি অফিস)
- एक दो मंजिला आवासीय परिसर, जिसे अब उप डाकघर के रूप में प्रयोग किया जाता है: बंगाली में दिनेश धाम (দীনেশ ধাম)
- उपजिला रजिस्ट्री कार्यालय: बंगाली में दीन धाम (দৱীন-ধাম)
- 19 जज होम या यूनिष्ट जज बरी (১৯ জজ হোম বা উনিশতা বিচারক বারী)

एक स्थानीय निवासी ने आगंतुकों को बताया: जाइए और अपना घर देखिए जिसे हम 19 जज होम कहते हैं, क्योंकि ब्रिटिश राज के दौरान इस परिवार से 19 न्यायाधीश थे। यह बात इस परिवार की विद्वत्ता और प्रतिष्ठा की गहरी छाप को दर्शाती है जो आज भी स्थानीय स्मृति में जीवित है।

संदर्भ:

Offroad Bangladesh. Ulpur Zamindar Bari. URL: http://offroadbangladesh.com/places/ulpur-zamindar-bari/

The Financial Express, Oct 13 2020. Ulpur Zamindar House in Gopalganj in shabby state. URL: https://thefinancialexpress.com.bd/national/ulpur-zamindar-house-in-gopalganj-in-shabby-state-1602589494

Daily Asian Age, July 2017. The historical place at Gopalganj. URL: https://dailyasianage.com/news/70639/the-historical-place-at-gopalganj

A lonely traveler, August 2014. Gopalganj – Ulpur Jomidar Bari. https://www.alonelytraveler.com/gopalganj-ulpur-jomidar-bari/

Archaeological survey report of Greater Faridpur District (2017), by Md. Abul Hashem Miah, Nazimuddin Ahmad, Bangladesh. Dept. of Archaeology

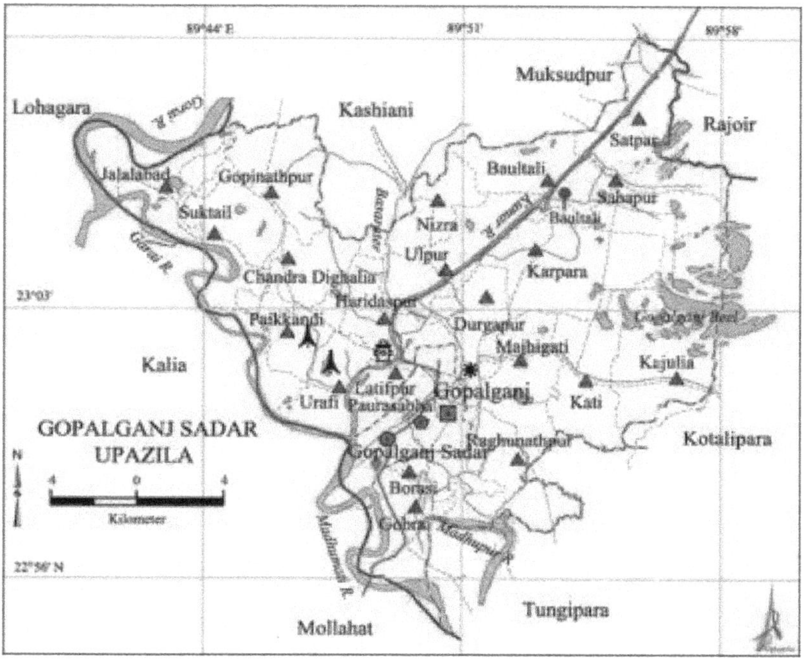


चित्र: गोपालगंज सदर उपजिला का नक्शा। https://en.banglapedia.org/index.php/Gopalganj_Sadar_Upazila से लिया गया

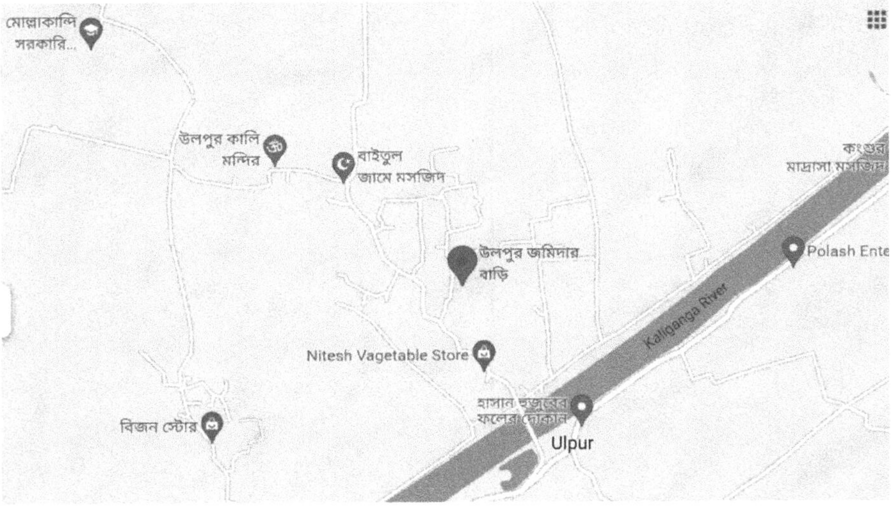


चित्र: उलपुर में कुछ स्थलचिह्न। गूगल मैप्स से लिया गया। उलपुर जमींदारी बाड़ी पर प्रकाश डाला गया है। Maps Data @ Google 2022

चित्र: पैतृक घर, उलपुर, गोपालगंज में बसु रॉय चौधरी की जमींदारी बारी। ulpur.org वेबसाइट से लिया गया

चित्र: उलपुर में पुरानी जमींदारी बारी। गूगल मैप्स से लिया गया। Maps Data @ Google 2022

चित्र: उलपुर में पुरानी जमींदारी बाड़ी की दीवारों में से एक। http://offroadbangladesh.com/places/ulpur-zamindar-bari/ से लिया गया

चित्र: उलपुर में एक पुराना मंदिर। गूगल मैप्स से लिया गया। Maps Data @ Google 2022

चित्र: उलपुर की जमींदारी बाड़ी के अंदर से फोटो। गूगल मैप्स से लिया गया। Maps Data @ Google 2022

# 4

# भारत के विभाजन के बाद बोस परिवार

इस अध्याय में, हम भारत के विभाजन के बाद बोस परिवार के प्रवास पर संक्षेप में चर्चा करते हैं।

4.1 विभाजन और उसका परिवार पर प्रभाव

1947 का भारत का विभाजन दक्षिण एशिया के इतिहास की सबसे दर्दनाक घटनाओं में से एक था। रेडक्लिफ रेखा ने बंगाल को धार्मिक आधार पर विभाजित किया – हिंदू बहुल पश्चिम बंगाल भारत का हिस्सा बना और मुस्लिम बहुल पूर्वी बंगाल पूर्वी पाकिस्तान का।

फरीदपुर जिला, जो मुस्लिम बहुल था, रेडक्लिफ रेखा के अनुसार पूर्वी पाकिस्तान को सौंप दिया गया। इस प्रकार बोस परिवार रातोंरात अपनी सदियों पुरानी जड़ों से कट गया। लाखों हिंदू बंगालियों की तरह परिवार को अपनी जमीन, जमींदारी बारी और पुरानी यादें छोड़कर भारत आना पड़ा।

4.2 उलपुर के बोस परिवार की शाखाएँ

माना जाता है कि बोस परिवार की पाँच शाखाएँ थीं। परिवार की एक शाखा उलपुर में रही, जबकि अधिकांश शाखाएँ भारत में चली गईं, ज्यादातर कोलकाता में लेकिन कुछ दिल्ली और भारत के अन्य शहरों में भी। परिवार के संरक्षक, प्रोतोष चंद्र रॉय, विभाजन के बाद कोलकाता चले गए।

हाल ही में बोस परिवार के कई सदस्य विदेशों में भी बस गए हैं जैसे इंग्लैंड, अमेरिका और यूरोप में।

4.3 उल्पुर मूल के प्रसिद्ध लोग

उलपुर बोस परिवार के एक प्रसिद्ध सदस्य सरबरी रॉय चौधरी थे, जिनका जन्म 1933 में उलपुर में हुआ था। वह एक प्रसिद्ध बंगाली मूर्तिकार थे।

उलपुर बोसु रॉय चौधरी परिवार के एक अन्य प्रसिद्ध व्यक्ति सुब्रत रॉय चौधरी थे, जो एक वकील थे, जिन्होंने 1971 में बांग्लादेश की स्वतंत्रता की घोषणा का मसौदा तैयार करने

में मदद की थी।

# 5

# दिल्ली में बोस परिवार

इस अध्याय में, हम संक्षेप में दिल्ली में बंगालियों के इतिहास और विशेष रूप से बोस परिवार की हमारी शाखा के बारे में जानेंगे जो भारत के विभाजन के बाद उलपुर से प्रवास के बाद दिल्ली में बस गए थे।

5.1 दिल्ली में बंगाली

दिल्ली में बंगाली मुगल काल से मौजूद हैं। हालाँकि उनकी जनसंख्या में वृद्धि तब हुई जब 1911 में अंग्रेजों द्वारा भारत की राजधानी को कोलकाता से दिल्ली स्थानांतरित कर दिया गया और कोलकाता से कई बंगाली सरकारी कर्मचारी दिल्ली चले गए।

अधिकांश बंगाली 20 वीं शताब्दी में पुरानी दिल्ली के क्षेत्रों जैसे कश्मीरी गेट, तीस हजारी, गोल मार्केट, मिंटो रोड और आरके पुरम में बस गए। दिल्ली में सबसे पुराने काली मंदिर और दुर्गा पूजा इन्हीं स्थानों के आसपास हैं।

20वीं सदी की शुरुआत में कश्मीरी गेट में बंगाली क्लब और बंगाली बॉयज़ स्कूल जैसे सांस्कृतिक संस्थान बनाए गए थे।

5.2 बोस परिवार का कश्मीरी गेट में बसना

हमारा बोस परिवार कश्मीरी गेट में एक संयुक्त परिवार के रूप में बस गया, शुरू में बेदी भवन नामक एक किराए के घर की ऊपरी मंजिल पर। यह दिल्ली कॉलेज ऑफ इंजीनियरिंग के करीब था जिसका मूल परिसर कश्मीरी गेट में था।

लड़के पढ़ने के लिए कश्मीरी गेट में बंगाली बॉयज़ स्कूल नामक एक बंगाली माध्यम स्कूल में गए।

कश्मीरी गेट में बंगाली क्लब नाम का एक क्लब था जिसे वे अक्सर करते थे। इसमें सांस्कृतिक आदान-प्रदान, समाचार पत्र पढ़ने और इनडोर खेलों की सुविधाएं थीं।

बोस परिवार कश्मीरी गेट में दुर्गा पूजा का नियमित संरक्षक हुआ करता था, जो 100 से अधिक वर्षों के इतिहास के साथ दिल्ली में सबसे पुराने दुर्गा पूजाओं में से एक था।

चित्र: कश्मीरी गेट में बंगाली सीनियर सेकेंडरी स्कूल का भवन, जो कश्मीरी गेट दुर्गा पूजा का स्थल भी है

चित्र: बंगाली सीनियर सेकेंडरी स्कूल के स्थल पर कश्मीरी गेट दुर्गा पूजा में देवी दुर्गा की आरती करते पुजारी

5.3 दिल्ली में चित्तरंजन पार्क बंगाली कॉलोनी का संक्षिप्त इतिहास

भारत का विभाजन पूर्वी बंगाल या पूर्वी पाकिस्तान (बाद में 1972 के बाद बांग्लादेश) से कई हिंदू बंगालियों को लाया। इसमें बोस परिवार भी शामिल था। कई नए बंगाली अप्रवासी मूल रूप से कश्मीरी गेट और अन्य क्षेत्रों में बस गए जहां बंगाली पहले से रह रहे थे। पूर्वी बंगाल विस्थापित व्यक्तियों (ईबीडीपी, EBDP, East Bengal Displaced Persons) एसोसिएशन का गठन 1954 में विभाजन के विस्थापित व्यक्तियों के समर्थन और देखभाल के लिए किया गया था।

1960 के दशक की शुरुआत में भारत सरकार ने दक्षिण पूर्व दिल्ली में बंगालियों को जमीन का एक टुकड़ा आवंटित किया जो मूल रूप से एक जंगली और चट्टानी क्षेत्र था। मूल आवंटियों को पूर्वी बंगाल में उनकी संपत्ति के कुछ सबूत दिखाने पर भूमि के भूखंड दिए गए थे। उसके बाद, विभाजन से कई बंगाली शरणार्थी उस स्थान पर चले गए।

संदर्भ के लिए, भारत सरकार द्वारा भी इसी तरह का एक भूखंड हिंदू पंजाबियों को दिया गया था जो विभाजन के बाद पश्चिम पंजाब से दिल्ली आए थे और स्वतंत्रता सेनानी लाला

लाजपत राय के नाम पर इसका नाम लाजपत नगर रखा गया था।

बंगाली कॉलोनी को मूल रूप से ईपीडीपी कॉलोनी (पूर्वी पाकिस्तान विस्थापित व्यक्ति कॉलोनी) और पुरबचल कहा जाता था और बाद में सम्मानित स्वतंत्रता सेनानी देशबंधु चित्तरंजन दास के नाम पर इसका नाम बदलकर चित्तरंजन पार्क (संक्षेप में सीआर पार्क) कर दिया गया।

दिल्ली विकास प्राधिकरण या डीडीए ने सीआर पार्क में कई मूल घरों के निर्माण में मदद की, साथ ही पास कालकाजी में एक अलग आवासीय कॉलोनी डीडीए फ्लैट बनाने में भी मदद की।

जल्द ही सीआर पार्क के जंगली और चट्टानी इलाके एक आवासीय कॉलोनी में विकसित हो गए, जिसमें पहाड़ी की चोटी पर एक काली मंदिर, सांस्कृतिक संस्थान जैसे बंगिया समाज और चित्तरंजन मेमोरियल सोसाइटी और बाजार थे जहां कोई बंगाली भोजन और अन्य आपूर्ति खरीद सकता था।

आजकल सीआर पार्क दक्षिण दिल्ली में एक समृद्ध कॉलोनी माना जाता है। आम तौर पर और विशेष रूप से दक्षिण दिल्ली में घर की कीमतों में वृद्धि के कारण, किराए पर या खरीदने के लिए यहां एक फ्लैट प्राप्त करना अपेक्षाकृत महंगा है।

5.4 बोस परिवार का चित्तरंजन पार्क में बसना

हमारे बोस परिवार ने, कई अन्य बंगाली परिवारों की तरह, अंततः ~1968 के दशक में भूमि प्राप्त की और 2000 के दशक के आसपास चित्तरंजन पार्क या सीआर पार्क में चले गए।

# 6

# एक निःस्वार्थ महिला की कहानी

इस अध्याय में हम दिल्ली में बसी बोस परिवार की हमारी शाखा की एक व्यक्तिगत कहानी सुनाते हैं — एक ऐसी महिला की कहानी जिसने परिवार के हर सदस्य को आगे बढ़ाने के लिए अपना सब कुछ न्यौछावर कर दिया।

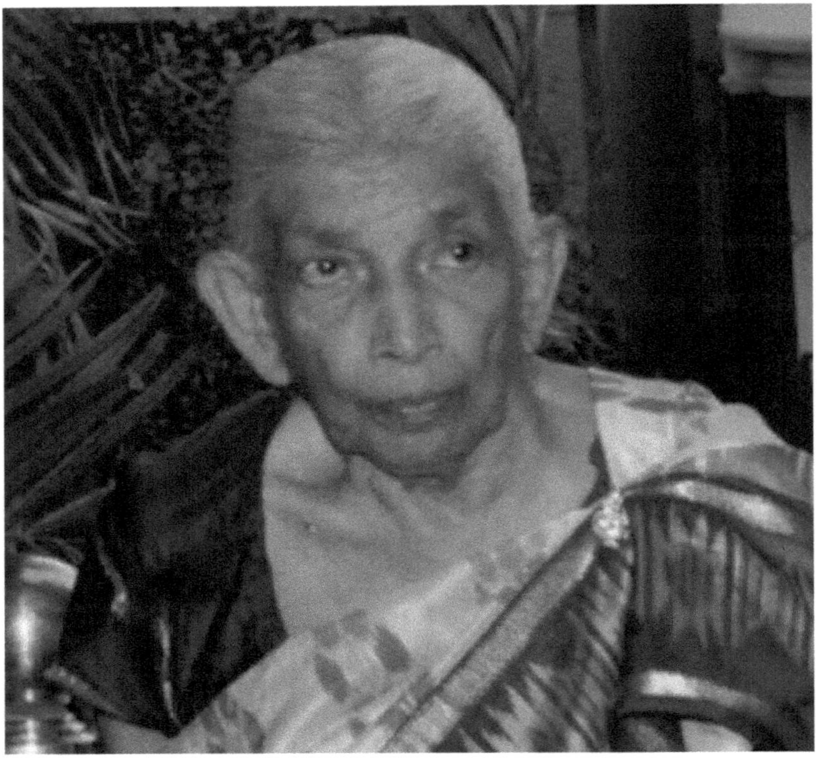

लिपिका बोस

जब हमारा बोस परिवार 1940 के दशक में दिल्ली पहुँचा, विभाजन की पीड़ा झेलकर अपनी बंगाली मातृभूमि से उखड़कर, तो उनके पास बहुत कम पैसे थे। उलपुर की पुश्तैनी जमीन जा चुकी थी। परिवार बड़ा था — तीन छोटे लड़के और पाँच लड़कियाँ। लड़के दिल्ली पहुँचने पर 6 से 12 साल के थे।

भारत अभी-अभी स्वतंत्र हुआ था और हर तरफ अभाव था। शिक्षा ही एकमात्र रास्ता था जो इस अभाव से बाहर निकाल सकता था — लेकिन अच्छी शिक्षा के लिए भी पैसे चाहिए थे।

परिवार पहले मोरी गेट के पास गंधा नाला बाजार में रहा, और बाद में उत्तर दिल्ली के कश्मीरी गेट में आ गया — जो उन दशकों में बंगाली आबादी का केंद्र था।

इन कठिन परिस्थितियों में परिवार की एक बड़ी बहन ने पूरी जिम्मेदारी उठाई। उनका नाम था लिपिका बोस। जब उनके पिता परिवार के लिए थोड़ी-सी तनख्वाह कमा रहे थे

और माँ घर संभाल रही थीं, तब लिपिका ने अपने छोटे भाइयों की शिक्षा और रोजगार की व्यवस्था करने का बीड़ा उठाया।

लिपिका ने दिल्ली विश्वविद्यालय से अंग्रेजी में स्नातक की डिग्री ली और जल्द ही एक कॉलेज में अंग्रेजी की लेक्चरर बन गईं। वे रोज बस से दिल्ली से मेरठ आती-जाती थीं। उस जमाने में — 1950 और 1960 के दशक में — एक युवा महिला के लिए अकेले यात्रा करना और पढ़ाना आसान नहीं था। अपनी बचत से उन्होंने तीनों भाइयों की कश्मीरी गेट के बंगाली बॉयज़ स्कूल की फीस भरी, और फिर विश्वविद्यालय की फीस भी। बाद में उन्हें दिल्ली विश्वविद्यालय के श्यामा प्रसाद मुखर्जी कॉलेज में रीडर का पद मिला।

यह सब उनकी अपनी निजी जिंदगी की कीमत पर हुआ — लिपिका ने अविवाहित रहने का फैसला किया ताकि वे पूरी तरह परिवार को समर्पित रह सकें।

बाकी बहनों, एवा, रेवा, कथिका और मोनिका, ने भी अपनी पढ़ाई पूरी की। एवा को सरकारी नौकरी मिली, रेवा डॉक्टर बनीं (दुर्भाग्यवश उनका कम उम्र में निधन हो गया), कथिका गृहिणी रहीं, और मोनिका ने चित्तरंजन पार्क में अन्नपूर्णा स्वीट हाउस नाम की सफल मिठाई की दुकान खोली।

जब सरकार ने चित्तरंजन पार्क में भूखंड देने की घोषणा की, तो लिपिका ने आवेदन किया और एक भूखंड प्राप्त किया। उन्होंने अपनी बचत से तीन मंजिला मकान बनवाया — तीनों भाइयों के लिए।

मँझले भाई काली प्रसाद को मुंबई की एक उर्वरक कंपनी में नौकरी मिली। सबसे छोटे भाई शिव प्रसाद, इस पुस्तक के लेखकों में से एक, ने कोलकाता के जादवपुर विश्वविद्यालय से इंजीनियरिंग की डिग्री ली और उत्तर प्रदेश राज्य विद्युत बोर्ड में नौकरी पाई।

2015 में लिपिका का निधन हुआ, उसी मकान के पास जो उन्होंने बनवाया था, अपने विस्तृत परिवार से घिरी हुईं। तीनों भाई शिक्षित, नौकरीपेशा और विवाहित थे। यह लिपिका बोस की कहानी है, एक ऐसी महिला जिन्होंने दिल्ली की अपरिचित धरती पर बोस परिवार को न केवल जीवित रखा, बल्कि उसे फलते-फूलते देखा।

# 7

# निष्कर्ष

इस पुस्तक में, हमने बसु रॉय चौधरी या बोस परिवार के इतिहास पर संक्षेप में चर्चा की है जो उलपुर से थे। यह प्राचीन जड़ों वाले बंगाली परिवार का एक उदाहरण है जो भारत के विभाजन से प्रभावित थे।

यह आशा की जाती है कि इससे भारत के विभाजन से प्रभावित अधिक भारतीय परिवारों के अनुसंधान में थोड़ी मदद मिलेगी।

# लेखक के बारे में

शिव प्रसाद बोस भारतीय कानूनों के पहलुओं से संबंधित विभिन्न परिचयात्मक गाइडबुक के लेखक हैं। उन्होंने कोलकाता के जादवपुर विश्वविद्यालय से इंजीनियरिंग की डिग्री प्राप्त की और मेरठ विश्वविद्यालय, मेरठ से कानून की डिग्री प्राप्त की। वह उत्तर प्रदेश पावर कॉर्पोरेशन लिमिटेड में कई वर्षों की सेवा के बाद सेवानिवृत्त हुए हैं। उनकी रुचि परिवार कानून, नागरिक कानून, अनुबंधों के कानून और पावर ग्रिड से संबंधित कानून और बिजली राजस्व से संबंधित मुद्दों के क्षेत्र में है।

जय बोस पेशे से सॉफ्टवेयर इंजीनियर और डेटा साइंटिस्ट हैं।

# शिव प्रसाद बोस की अन्य पुस्तकें

वसीयत और प्रोबेट का परिचय: भारतीय कानून के अनुसार

वरिष्ठ नागरिकों से दुर्व्यवहार: और इसे कैसे रोका जाये

पड़ोसियों के साथ समस्याएं: और इनसे कैसे निपटें

अदालती मुकदमों में मानसिक शक्ति बढ़ाएं

परक्राम्य लिखतों का परिचय

विवाह कानूनों का परिचय

पुस्तकों और ई-पुस्तकों को स्वयं प्रकाशित करें

अदालती मामलों में देरी: कारण और समाधान

पेटेंट और पेटेंट कानून का परिचय

संपत्ति कानून का परिचय

टॉर्ट कानून का परिचय

नई दिल्ली में छोटा बंगाल: चित्तरंजन पार्क गाइडबुक

www.ingramcontent.com/pod-product-compliance
Lightning Source LLC
LaVergne TN
LVHW050924210926
848482LV00012B/532
*9798886413328*